L'Homme et ses Masques

Jean Orizet

Man and his Masks

translated from the French by

Pat Boran

Poetry Europe Series No. 4

 DEDALUS

The Dedalus Press
24 The Heath
Cypress Downs
Dublin 6W
Ireland

ISBN   1 901233 22 7

Dedalus Press books are distributed in the U.K. by
Central Books, Ltd. 99 Wallis Road, London E9 5LN,

and in the U.S.A. and Canada by
Dufour Editions Inc., PO Box 7, Chester Springs,
Pennsylvania 19425 – 0007

The Dedalus Press receives financial assistance from An
Chomhairle Ealaíon, The Arts Council, Ireland

Printed by Colour Books Ltd., Dublin

CONTENTS

Preface

Jean Orizet was born in Marseilles in 1937 and spent his early youth in the Midi, an intimacy with nature always accompanying him in his later travels and his writing. He learned English and Spanish and read the poetry of Nerval, Rimbaud, Saint John Perse, René Char, Michaux. He studied for a diplomatic career, then bacame a management consultant for an important business firm. Soon he left that and joined his father in the management of the Beaujolais vineyards. In 1968 he became co-editor of Editions Saint Germain des Prés. His own poetry was published in many collections and won several prizes. He now lives in Paris from where he travels widely. He won the Prix Apollinaire in 1982. In 1980 he was elected to the Académie Mallarmé of which he is now president. He is also vice-president of the European Academy of Poetry.

In the poetry of Orizet there exists a strange balance between what Octavio Paz called the point of convergence and what Alain Bosquet called the obvious mystery. He hints at the discoveries his travels and his experiences have found. Real scenes and real lives are presented in the ambience of wonder, the wonder of how we survive, the wonder of language itself, the wonder of the forms that poems can take. The poems also represent a battle going on in the poet's soul, faced with the realities of contemporary living; there is a horror of the void, of violence, co-existing with a love of what poetry can achieve and the obviously useless thing that poetry appears to be. The movement is radical, between a sense of the cosmically sacred where he searches for signs and signals, and a sense of the temporal, the precariousness of existence, the anxiety of our fragile living.

The influences on the work are manifold, from Borges to Nerval, the prose poem so popular and well developed throughout modern French poetry. A cosmopolitan poet, and a lover of things rural, Orizet shifts between the eternal and the here-and-now. He is both spectator and active contemplator of contemporary life. With a vivid sensuality, strong descriptive powers and the interlinking of sensations, his poetry creates a map of the way forward, in which active participation in life is the accompaniment to dreams and in which a quizzical caution goes hand in hand with a still innocent wisdom. "It is the poet's role to ask questions", he wrote, "rather than to offer the answers that philosophy itself does not have." He sees the poets as the final explorers of our time. His sensuality, combined with acute awareness of contemporary malaise, added to his development of the prose poem, place Orizet in the forefront of living French poets.

Pat Boran, September 1998

Note: Pat Boran would like to thank Laura Prechonnet and Marina Grall for their help in the early drafts of these translations.

Niveaux de Survie
1975-1978

Santa Cruz de Tenerife

Toi

enceinte dans une robe de laine rouge
sur fond de *Pic du Teide* blanc
et de ce vert très doux qu'ont les bananeraies

Ton enfant d'Atlantide *
forme déjà faiblement
sa courbe sur la terre

Nous lui achèterons des crayons de couleur

*Selon la légende, le Pic du Teide est un des volcans, restés
emergés, de la grande île Atlantide.

Santa Cruz, Tenerife

You

pregnant in a robe of red wool
against the white backdrop of *Pico de Teide*
and the sweet green of the banana plantations

Your Atlantean child
already commencing
her tenuous curve on earth

For her we must buy coloured crayons

NOTE: *According to legend, Pico de Teide is one of the volcanoes of Atlantis.*

Jardin public

Dans ce jardin
les lions déchirent les autruches
et le gardien, Monsieur Fantômas Cronos
sort parfois de son kiosque
pour caresser la tête d'enfants
qu'il finira par dévorer

Doucement la sève
donne des jours brillants aux bourgeons
suspendus dans l'air vif
sur les landaus de la mort
repeinte à neuf avec les balançoires

Public Park

Here in these gardens
the lions maul the ostriches
and the keeper, Mr Fantomas Cronos,
emerges now and then from his hut
to pat the heads of the children
he will one day devour

Slowly sap
brings blossoms into their prime
suspended in the shimmering air
above death's buggies,
like the sea-saws, recently repainted

Fenêtres claires

pour Alain Bosquet
autre oiseleur

Il reste quelques fenêtres claires
dans ce paysage de nuit
quelques marches aux arêtes vives

et aussi quelques jeux conçus
pour développer l'intelligence
des bons enfants que nous étions

Bright Windows

for Alain Bosquet
another birdwatcher

Still a few bright windows
in this landscape of night
a few steps to the living edges

and a few games devised
to test the intelligence
of the good children we once were

Fragiles soleils

Bédouins qui lisez dans le sable
l'or et le sang de la gazelle,

Pêcheurs qui savez,
par la respiration de la mer,
prévoir les thons poignardés,

Femmes aux yeux de khôl
qui tissez, en silence,
les fils ténus de la prière,

Vos actes, fragiles soleils,
n'ont que la mort pour habitude

Mais cette mort ne vieillit pas.

Hammamet

Fragile Suns

Bedouins who discern in sand
the blood and gold of gazelles,

Fishermen who,
from the breathing of the ocean,
foresee the harpooned tuna,

Women with kohled eyes
who in silence weave
fine threads of prayer,

Your actions, fragile suns,
have only death in common

But a death which does not age.

Hammamet

Les eucalyptus de Tibériade

A Pierre Emmanuel

Ils ont poussé près de ce petit débarcadère où Jésus prit un repas en compagnie de Pierre. Une roche longue est encore là, qui fut leur table.

Etrange et familier à la fois, le parfum d'eucalyptus flotte alentour, enrichi – par quel mystère? – de myrrhe et d'encens, fragrances des cathédrales.

Ici, troncs et feuillages sont colonnes et chapiteaux. Pour abside, le lac de Tibériade – paisible à cette heure tiède du jour. Pour travées, le ciel de Galilée, plus pâle qu'à l'habitude.

Des monts de Jordanie, survient un souffle aux feuilles argentées.

A partir de cet accord ténu – son, parfum, paysage – s'élève un murmure sacré : voici deux millénaires investissant le rêve.

The Eucalyptus Trees at Lake Tiberias

to Pierre Emmanuel

They grew alongside the little wharf where Jesus and Peter shared a meal. A flat rock, which served as their table, lies there still.

Familiar and, at the same time, strange, eucalyptus fills the air, enriched — through what mystery? — by myrrh and incense, the scents of a cathedral.

Here, tree trunks and foliage are columns and capitals. For an apse, Lake Tiberius, at peace in this cool hour. For seating bays, paler than usual, the sky over Galilee.

A soft breeze from the mountains of Jordan plays over the silvered leaves.

From this tenuous harmony — of sound, scent and landscape — a reverent murmur rises: two millennia investing a dream.

Les orangers de Jaffa

pour Jean-Claude Renard

Boeing, presque immobile
sur l'ocre net des champs.
Un pèlerinage s'achève.

A Jérusalem, sous les chapeaux noirs
on se lamente de joie.

A Saint-Pierre de Rome
on prie à pleins cars, en air conditionné.

Dieu semble rester Dieu pour quelque temps encore

mais quel est ce prophète, sous sa coupole d'or
gardé par des fusils d'assaut?

D'où vient-il cet étrange parfum de kérosène
et d'orangers en fleurs
visités de colombes grises?

The Orange Trees at Jaffa

for Jean-Claude Renard

Boeing, almost motionless
above the ochre grid of the fields.
A pilgrimage completed.

In Jerusalem, under black hats,
laments of joy.

At St Peter's in Rome, prayers
in packed, air-conditioned coaches.

God seems to be God, for the moment at least

but who is this prophet, under his golden dome,
guarded by assault rifles?

And where does it come from, this strange smell
of kerosene and orange trees in bloom
attended by grey doves?

L'hirondelle de Sidi Bou Saïd

Elle est apparue au moment où la voix chantante du muezzin appelait à la prière du soir.

D'abord, elle a semblé s'immobiliser à la verticale du Café des Nattes, mais un léger souffle l'a fait glisser sur son erre, et, l'espace d'une seconde, la ligne de ses ailes s'est confondue avec celle où la mer et le ciel se marient.

Puis, reprenant sa descente, elle fut soudain la note mobile et sombre sur le blanc des murs et le bleu des moucharabieh.

L'air commençait à sentir le jasmin, une brume tiède montait de Carthage, quand l'hirondelle plongea vers le port où elle redevint cette voile dont la magie du lieu lui avait, pour un temps, permis de quitter la forme.

The Swallow of Sidi Bou Saïd

It appeared when the lilting voice of the muezzin made the call to evening prayer.

At first, rising vertically before the Café des Nattes, it seemed to stall there, but then a light breeze made it shift its bearings slightly and, within a second, the line of its wings was one with the line made by the meeting of sky and sea.

Descending again, all of a sudden it became a dark, flickering note against the white of the walls and the blue moucharaby.

The air began to fill with the scent of jasmine, and a warm fog was creeping up from Carthage when the swallow swooped out over the harbour and turned again into that sail whose shape, if only for those moments, the magic of the place had permitted it to leave.

NOTE: Moucharaby — a form of North African balcony with lattice-work ornamentation

Tous ces oiseaux déchus

Certains jours d'hiver
le vent oublie sa violence
et roule une écharpe de feuilles
à la gorge des chemins creux

Terre et pluie alliées
envient cette tendresse
pour en nourrir vigne ou pêcher

Visiteur d'une haie
aux mailles encore sèches
tu ne mérites pas
autant d'arbres à tes pieds

Mais puisque cette chute
est la première étape
abandonne à l'enfant
tous ces oiseaux déchus

All these Fallen Birds

On certain winter days
the wind renounces violence
and slips a scarf of leaves around
the necks of sunken lanes

Earth and rain alike
are envious of this tenderness
which nurtures peach and vine

Visitor from a hedgerow
whose feathers are still dry
you do not deserve
so many trees at your feet

But since this great fall is
but the first landing stage
concede now to the child
all these fallen birds

Fragments d'un oratorio

pour Michel Deguy

1

Éclats de mondes nus projetés dans l'espace
noyaux de brume vive au coeur du minéral

> Ses fractures deviennent détroits
> où les continents se séparent
> autour de banquises lactées

2

En fibrilles de nacre s'impriment sur les massifs
les fins messages des moraines

> On entend, guidée par le quartz
> une musique de mammouths

3

Les mouvements si forts qu'ils semblent immobiles
déplacent l'architecture cristalline
> — schiste, argile, gel mêlés —
> vers les futurs lits de rivière
> d'où sortent, à la nouvelle aube
> ceux que redressent les combats

Fragments of an Oratorio

for Michel Deguy

1

Debris of barren worlds scattered in space
vaporous nuclei alive in their mineral hearts

> Each fracture becomes a strait
> as continents drift apart
> around milky ice floes

2

In webs of pearl imprinted on the rock face
the final message of the moraines

> Channelled by quartz, one can hear
> the music of mammoths

3

With movements so immense they seem motionless
they shift the crystalline architecture
> — a frozen mixture of schist and clay —
> towards future river beds from which
> with the new dawn will come
> those who redraw the lines of battle

4

Eau grise prisonnière des névés

Depuis longtemps elle coule invisible
aux arêtes de la nuit, aux ruptures des plaines
aux esquisses de saisons cassantes

5

La vie est peut-être encore en cette eau
ou est-ce le manteau de la mort qui préserve?

Ni altitude ni profondeur
l'effort comme seul bloc

6

Ce bloc réchauffe lentement les formes

Des turbulences créent la sphère
piquetée de galaxies par une lueur nouvelle
pour témoigner qu'une géométrie
va naître à la couleur

4

Grey water, prisoner of ice

> For a long time it has flowed invisibly
> to the very edges of night, the eruptions of plains,
> the sketches of passing seasons

5

Perhaps it supports life still, this water,
or perhaps it is but a protective shroud?

> Neither altitude nor depth
> effort the sole entity

6

Slowly this entity re-animates forms

> The sphere is fashioned in turbulence
> then sprinkled with galaxies of new light
> to testify that geometry
> will be born in colour

7

La couleur sera d'abord le bleu
envahisseur d'atmosphère
qui lèvera sa houle à submerger le minéral

Viendra le temps de pâleur
où ne survivent que les îles

Totems aux regards très lointains, poudre d'écorce,
écaille de tortues, plages fécondes

8

Féconde aussi la terre où s'écrit l'histoire du vert
depuis la patience aiguë de l'herbe, toison d'un pur pour-
rissement, jusqu'à la provocation des arbres avec leurs
branches empennées, leurs troncs déjà doriques et leur sève
– sang glacé.

9

Vite le sang monte soleil, irrigue des chevelures,
nourrit le noyau fruitier.
La glaise n'est plus seule depuis qu'un fleuve la parcourt

Rouge est maintenant la peau d'homme.

7

At first this colour will be blue
permeating the atmosphere
washing over, submerging the mineral

    A time of pallor will follow
    when only islands survive

Blank-faced totems, the earth's powdered crust,
    tortoise shells, fertile shores

8

    Fertile too the earth, where the history of green is
written, from the focused patience of grass — fleece of
pure decay — to the summoning forth of trees with their
spiny branches, their already Doric trunks, and their sap —
frozen blood.

9

Quickly, sun-like, the blood comes up, infusing chevelures,
    nourishing fruit-stone nuclei.
With a river running through it, clay is no longer alone.

    Now red is the skin of man.

10

Homme aventurier
Traceur de signes au tréfonds de lui-même
bastion délimité, défenseur de glacis
île, encore, mais aux rivages flous

Une encre noire lave son paysage

11

Horizon toujours dédoublé
en vision diurne ou nocturne

L'oiseau fou de mémoire stabilise son vol
entre vide et paroi
avant de s'élancer
vers d'autres géographies passagères

12

Passagères de l'écriture parmi les continents visités
où l'essor de l'éclair
annonce l'atterissage de la foudre

Rides d'une sagesse
sur paupières de souvenirs

10

Man the adventurer
tracer of signs in his heart of hearts,
in his mapped defences, defender of slopes,
an island still but with vague shores

A black ink washes his landscape

11

Horizon always divided
into day- and night-vision

The bird, demented by memory, steadies itself
between void and partition
before taking off
for other temporary landscapes

12

Temporary the writing between glimpsed continents
where a flash of lightning predicts
the impact of a thunderbolt

Wrinkles of wisdom
on the eyelids of memory

13

Souvenirs suspendus qui dédoublent la lune
astre d'un vide rayé

La glace est toujours en dessous
l'orage menace encore
quand un équilibre s'installe
pour épauler l'irrationnel
de ces éclats de monde rongés d'espace-temps

13

Suspended memories divide up the moon
satellite of a sectored void

The ice is always just below
thunderstorms threaten still
though a balance is established
to cope with the irrational fact
of this world debris gnawed
by space-time

L'homme et ses masques
1979-1981

1

L'homme et son cheval aimaient à galoper dans les forêts, l'hiver surtout. Jamais ils ne se perdaient, même en terrain peu familier: le givre et la neige gardaient trace de leur course, comme les arbres noirs, dont les brindilles basses étaient brisées au passage.

Quelquefois, ils rencontraient la mort, qui, elle, était perdue mais ne le savait pas.

Il arrivait alors qu'ils lui fissent un brin de conduite, jusqu'à une clairière où le soleil agonisait.

2

Entre l'heure d'hiver et d'été
une horloge hésite,
comme entre quartz et ressort.

Elle choisira l'oubli
acceptera l'exil
des sabliers et des clepsydres,
là où le temps n'est visible
que si on le nourrit.

Man and his Masks

1

Man and horse loved to go galloping in the woods, especially in winter. They never got lost, even in unfamiliar terrain: frost and snow kept track of them, as did black trees whose low branches were broken by their passing.

Sometimes they encountered death, death who did not even know it was lost.

It was then it happened that, walking side by side, they came to a clearing where the sun was in agony.

2

Between winter and summer time,
as between quartz and spring mechanisms,
a clock falters.

It must opt for forgetting,
accept the exile
of sand- and water-clocks
where time is visible
only when fed.

33

3

Sur une cheminée de faux marbre
une pendule arrêtée
se reflète
dans un miroir sans tain
qui renvoie en négatif
à l'homme
l'image faussée
du voyeur

4

Et la terre, de peur,
engloutit des maisons;
et la mer, de colère,
avale des bateaux;
et le ciel, de tristesse,
fait pleurer des orages
sur l'écume de nos échecs.

3

On a fake marble mantelpiece
a stopped clock
reflects
in a two-way mirror
sending back to man
in negative
the observer's
altered image.

4

And the earth, out of fear,
engulfs our houses;
and the sea, out of anger,
swallows our boats;
and the sky, out of sadness,
makes thunderstorms burst
over the foam of our failures.

5

Entre orage et azur,
une réalité nette et huilée:
murs pour soutenir les maisons,
fenêtres pour les éclairer,
ascenseurs amoureux de leur cage.
Monde au mouvement d'horloger
mais à l'incertaine météorologie.
Ses fissures sont des cheveux d'ange
et sa mort sourit aux objectifs
après chaque grand séisme.

6

Dieu ayant inventé l'oiseau,
l'homme inventa la cage.
Dieu ayant inventé l'envol,
l'homme inventa la chute.
Dieu ayant inventé le ciel,
l'homme inventa la terre
et sa banlieue, l'enfer,
avec ses pavillons de briques flammées
où les oiseaux sont rôtis au four
chaque dimanche d'Apocalypse.

5

Between thunderstorm and clear skies
reality, smooth-running:
walls maintaining houses,
windows lighting them,
lifts in love with lift-shafts.
A world of clockwork precision
but unreliable weather forecasts.
Its tiny cracks are angels' hairs
and after each great earthquake death
smiles for the camera.

6

God having invented birds,
man invented the cage.
God having invented flight,
man invented the fall.
God having invented the sky,
man invented the earth
and its suburb, hell,
with its red-brick houses
where birds roast in the oven
every Sunday of the Apocalypse.

7

Blaireau, savon à barbe, peigne,
allumette pour la première bouffée,
verre pour le premier coup de blanc,
journal à l'encre humide
sont les petits coups de canif matinaux
qui tailladent le visage de l'homme
en route vers l'usine et le bureau
avec sa moisson de cicatrices poussiéreuses.

8

La foule était rassemblée
devant le tribunal
pour demander la tête
du gendarme meurtrier.
Le président consentit
à donner le képi.

9

Homme
au regard masqué
d'un fruit défendu.

Paradis
ôté par surprise.

7

Comb, shaving brush, shaving foam,
match for the first puff,
glass for the first taste of wine,
newspaper with the print still wet —
these are the small darts of morning
which stab at the face of man
heading off to the factory or the office
with his harvest of dust-gathering scars.

8

The crowd had gathered
before the tribunal
to demand the head
of the murderous policeman.
The president agreed
to hand over the cap.

9

Man
whose gaze is masked
by forbidden fruit.

Paradise
unexpectedly lost.

Nul
n'entend
le bruit
de la
chute

10

Quand les arbres seront en briques
et les maisons en feuilles,
la nuit sera liquide comme la mer
et nous dormirons dans des nids
qui auront pris la place des étoiles;
les oiseaux, eux,
travailleront dans les banques,
avec les bûcherons.

11

Ils ne s'aiment pas pour leur beauté
    qui est masquée.
Ils ne s'aiment pas pour les mots échangés:
    le silence est de règle.
Ils ne s'aiment pas pour les enfants
    qu'ils refusent d'avoir.
Ils s'aiment contre la mort
    quand elle tire par la manche.

No one
can hear
the sound
of the
fall.

10

When trees are made of brick
and houses of leaves,
night will be liquid as the sea
and we will sleep in nests
replacing the stars;
the birds, too,
like woodcutters,
will work in banks.

11

They do not love each other for their beauty
    which is masked.
They do not love each other for their conversation:
    silence is the rule.
They do not love each other for the children
    which they refuse to have.
They love each other to ward off death
    when it comes tugging at their sleeves.

12

A force de marcher
à l'aveuglette
l'homme s'invente
des voies de garage
au fond desquelles
rouillent de vieux destins
rédigés en latin.

13

Ce feu qu'il portait en lui,
venait-il d'Apollon
ou de la boîte d'allumettes?
Cette clé, dans sa poche,
servait-elle à ouvrir des horizons
ou à se fermer l'avenir?
Il perdit la boîte et la clé.
Dans son restaurant habituel,
la serveuse lançait, à l'intention de la cuisine :
"Et un foie bien cuit pour M. Prométhée,
un!"

12

By means of walking
blindly
man finds himself
on sidings off the path
at the bottom of which
abandoned fates
inscribed in Latin
rust.

13

This fire he carried inside himself,
did it come from Apollo
or from a matchbox?
That key, in his pocket,
did he use it to gain access to new horizons
or to lock the door on the future?
He lost both box and key.
In his usual restaurant
for the benefit of those in the kitchen
the waitress called out:
"One liver, well-done, for Mr Prometheus,
only one!"

14

"De l'azur ou des canons" avait-on proposé à
l'homme qui partait pour la guerre.
Innocent, il choisit l'azur, où sa tête vole encore
sur les traces d'un boulet (version XVIIIe siècle)
d'un obus (version XIXe siècle).
d'une fusée (version XXe siècle).
. . . satellite et décervelé.

15

Mortelles nuits
des métropoles
Couteaux du long sommeil,
pistolets du rêve éternel,
Nirvanas définitifs de l'overdose,
rassemblés
à l'appel strident des sirènes.

14

"Blues skies or cannon?" someone asked
the man heading off to war.
Being naive, he chose blue skies, where his head flies still
in the wake of a cannonball (18th century version),
of a shell (19th century),
of a rocket (20th century)
... a brainless satellite.

15

Deadly nights
in the cities.
Knives of the long sleep,
handguns of the interminable dream,
the permanent Nirvana of overdose,
all summoned
by the wailing of sirens.

16

De loin
on vit venir les planètes.
Elles sonnaient comme grelots
sur le collier d'un chien.
Les télescopes devinrent leurs amis
et les ordinateurs apprirent
à leur faire la cour,
malgré la méfiance
de l'homme.

17

Les droits de l'homme
ont échoué
dans l'âme d'un canon
et l'obus qui les emporte
ne sait toujours pas lire.

18

Sur un cerisier
un oiseau
fait le tour du monde.
Sur le même cerisier,
un poète
fait le tour du temps.

16

From far off
the planets could be seen approaching.
They sounded like the bells
on dog collars.
Telescopes befriended them
and computers learned
to court them,
despite
man's suspicions.

17

The rights of man
have ended up
in the soul of a cannon
and the shell which carries them
still cannot read.

18

From a cherry tree
a bird
explores the world.
From the same tree
a poet
explores time.

19

Assis sur leurs chaises
devant les maisons,
les vieillards attendent la mort
en rêvant, sans trop y croire,
qu'elle aura le visage
d'une sirène au corps de jade.

Ils la salueront
en soulevant leur casquette,
avant de lui tendre une main noueuse.
Le soir, les enfants des vieillards
trouvent un peu de sable
sur les chaises vides.

20

L'eau des yeux de son chat
coule à la même profondeur
que les prairies de sa poitrine
où nul animal n'a vécu

Quand monte un impossible accord
entre la cage et la savane
il referme d'un coup ses bras
sur le fauve déjà gagné
à l'étroite civilisation

19

Sitting on their chairs
in front of their houses,
the old folks await death
dreaming, without really believing it,
that it will have the face
of a siren with a body of jade.

They will greet it
by removing their caps
and extending a gnarled hand.
In the evening, the old folks' children
discover on the empty chairs
just a sprinkling of sand.

20

The tears of his cat's eyes
run just as deep
as the prairies of his own breast
where no animal has ever roamed.

When an impossible compromise is reached
between the cage and the savannah
he suddenly folds his arms
over the wild creature already taken
into the confines of civilisation.

21

Quand les hommes
seront devenus des arbres,
les avions des oiseaux,
et les désirs des monuments,
la terre,
ne pouvant plus exploser,
saura bien résister
au choc des autres planètes.

22

Le vrai visage du gangster
qui attaque une banque
est-il derrière ou devant le masque?

Le vrai visage de l'argent
qu'on lui remet sous la menace,
est-il derrière les portes du coffre,
ou devant?

21

When men
become trees,
aeroplanes birds,
and desires monuments,
the earth,
incapable of exploding further,
will be able to withstand
the impact of the other planets.

22

Is the true face of the gangster
who robs the bank
the one in front of or behind the mask?

Is the true face of the money
handed over under threat
the one behind the door of the safe
or the one out front?

23

Ici, on jette le pain par les fenêtres.
Là-bas, ils meurent de faim.

Ici, on jette les voitures contre les arbres.
Là-bas, ils marchent pieds nus dans la poussière.

Ici, on jette des regards d'envie sur la maison du voisin.
Là-bas, ils n'ont pas de maison.

24

Le temps était menaçant,
Fantômas aussi.
Il y avait des meurtres
déguisés en suicides,
des rapts maquillés en fugues,
des tortures arrangées
en accidents,
de faux employés du gaz,
de vraies explosions de haine,
des guerres mises à tiédir
à côté de foyers d'insurrection.
Il y avait l'homme
et ses masques.

23

Here, we dump bread with the rubbish.
There, they die of hunger.

Here, we smash cars into trees.
There, they go barefoot in dust.

Here, we glance greedily at our neighbour's house.
There, they have no houses.

24

The times were threatening,
Fantomas too.
There were murders
disguised as suicides,
kidnappings done up as runaways,
tortures arranged to look
like accidents,
bogus gas board employees,
real explosions of hate,
wars left to simmer
at the heart of unrest.
There was man
and his masks.

25

L'homme est peuplé de nuages
qui le connaissent
depuis l'enfance.

26

Maintenant que les portes
n'ont plus de maisons,
les masques n'ont plus besoin
d'hommes,
et chacun se moque éperdument
des bals et des tremblements de terre.

27

L'Éden
où le lion vivait en paix
avec l'homme.

Chacun, par son regard
était le miroir de l'autre,

et leur langage
avait encore la forme
des grands arbres.

25

Man is peopled by clouds
which have known him
since childhood.

26

Now that doors
no longer have houses,
masks no longer
have need of men,
and nobody could care less
about fancy dress balls or earthquakes.

27

Eden
where the lion lived in peace
with man.

In the eyes of each
was the other's reflection,

and their language
still had the form
of tall trees.

28

Le monde
s'éveillera-t-il un jour
de ses cauchemars?

Quand viendra le moment
d'entrouvrir les rideaux,
verra-t-on l'oeuf originel et géant
prêt à écraser la poule,
ou celle-ci acharnée
à crever la coquille de l'oeuf?

28

Will the world
awake one day
from its nightmares?

When the moment arrives
to draw back the curtains,
will we see the giant, original egg
just about to crush the chicken,
or the latter desperately
pecking its way through the shell?

Le Voyageur Absent
1982

Allemande

Parsifal, devenu train rapide, fonce vers la Baltique entre vert et gris-bleu.

Les petites lampes du wagon-restaurant scintillent à la mémoire du voyageur: les mêmes étaient dessinées sur le train électrique de son enfance.

Arrêt à Düsseldorf où Napoléon a toujours son portrait à la brasserie Schoemacher, spécialiste de l'éternel *Wienerschnitzel*.

Le Rhin vomit ses longs chalands. Récital de poèmes entrelardé de saucisse et de mortadelle. Sous les chemins de halage, rigueur teutonne des carrés de choux.

Dans le Hofgarten, erre, à la nuit, le fantôme du vampire, maintenant simple voyeur de filles grasses et nues photographiées pour les vitrines des kabarets.

Rires de la baronne dans Königsallee au prétentieux kilomètre.

Henri Heine est allé se faire enterrer à Paris.

Things German

Parsifal, transformed into an express train, speeds
ahead towards the Baltic, between green and gray-blue.

As he travels, the little lamps of the restaurant car-
riage set off sparks in his memory: there were traces of
something similar on that electric train in his childhood.

Stop at Düsseldorf where the portrait of Napoleon
still hangs in Schoemacher's brasserie, where the speciality
is the eternal *Wienerschnitzel*.

The Rhine throwing up its long barges. A recital of
poems interspersed with sausage and *mortadella*. Beyond
the towpaths, Teutonic order of cabbage patches.

In the Hofgarten, by night, the ghost of the vampire
wanders, now little more than a voyeur of the photographs
of fat, naked women in the windows of peep-shows.

Laughter of the baroness in Königsallee, pretension
extending for kilometres.

Henrich Heine left to be buried in Paris.

La grande barque de Killmakillogue

La grande barque de Killmakillogue est venue mourir dans le vide brumeux de cette baie noyée sous les fougères.

Ici les gris boivent la perspective, les bleus sont tamis de lumière, les verts tissent le tour de ce *"Jardin du rien"*.

La grande barque de Killmakillogue a pris forme de pont entre oubli et souvenir lavé par la pluie des naufrages.

De l'Orient à l'Occident voici l'arche où le vieux maître Jôsetsu pêcherait encore, selon la parabole zen, *"un poisson-chat avec une calebasse"*.

Irlande ou Japon?

Le flou décide.

The Great Barque of Killmakillogue

The great barque of Killmakillogue has run aground in the hazy emptiness of this fern-smothered bay.

The greys here absorb perspective, blues are filters for the light, and greens are woven all through this 'Garden of Nothingness'.

The great barque of Killmakillogue has become a bridge between forgetfulness and remembrance, under a shipwrecking rain.

Joining orient to occident, it's the arch where old master Josetsu would still be fishing, according to the Zen parable, 'a gourd to land a catfish'.

Ireland or Japan?

The mist decides.

Présence des animaux

Invisibles, ils signent partout leur présence: traces laissées dans la poussière jaune, déjections qui les identifient et datent leur passage, restes des repas – tibias, vertèbres, omoplates, bucranes – nature environnante dont ils ont modifié l'aspect, arbres écorcés, cassés, arrachés par les éléphants, branches broutées par les girafes, trous creusés dans les termitières par les gourmands fourmiliers.

Le silence même, sur cette brousse, a une odeur de peau qui court.

The Presence of Animals

Invisible, they register their presence everywhere:
tracks left in the yellow dust, droppings which identify
them and date the time of their passing, the remains of their
meals — tibias, vertebrae, shoulder blades, ornamental
skulls — nature surrounding them modified in appearance,
trees stripped of bark, broken, torn up by elephants, boughs
grazed on by giraffes, holes burrowed out in anthills by
greedy ants.

Even in the bush, silence has the odour of crawling
skin.

Terre d'Irlande

Dans le Kerry, ces petites fleurs jouant dans les bruyères ou taquinant l'écaille des lichens: campanules, digitales, buissons de roses mousseuses, éclatent sur la lande en fragiles soleils. Le vent, par des rafales de nuages bousculés, fait se croiser les paysages dévoilés en plans successifs, laisse apparaître des croissants d'argent sur la mer, masque puis révèle des îles.

Protégées par les fougères, quarante nuances de vert papillonnent au gré d'une lumière habile à flouer le regard. Suspendu entre ciel et eau, le cri rouillé des goélands sait tenir la nuit à distance.

Irish Landscape

In Kerry, tiny flowers play in the heather or tickle lichen scales: bellflowers, digitalis, bunches of shimmering roses erupt across the moor like flickering suns. The wind, propelling banks of cloud, sees the layers of landscape crossed and uncovered in succession, allowing silver crescents to appear on the water, masking and then unveiling islands.

Protected by the ferns, green flickers in forty shades, depending on how deftly the light tricks the eye. Suspended between the sky and the water, the hoarse cries of seagulls, managing to keep night at a distance.

La peau du monde
1986-1987

Nous ne voyons que la peau du monde,
et nous voudrions la
gratter jusqu'à l'os.
Jacques de Bourbon-Busset

Sur le fil du désir nous marchons vers un dieu. L'Éternité s'invente à chaque galaxie. Il faudra piétiner les banquises du songe, les vallées de l'espace, les mondes attiédis et les étoiles rouges où l'agonie s'installe, avant de parvenir au coeur d'un tourbillon, originel chaos préparant le cosmos. L'avenir quotidien saura peser nos âmes.

Sous l'écorce nous aimions l'arbre et sous l'arbre le vent. Ils voyageaient ensemble et traversaient les fleuves qui offriraient au loin l'élan de leur vigueur. Parfois leur ambition se perdait dans les sources pour mieux régénérer quelque très vieux désert où s'évaporaient des batailles dont les cris malgré tout n'étaient encore humains.

Quelquefois une étoile noire macule nos livres d'images, conférant à la maladresse une saveur d'infini comme ces portulans dont l'imprécision même faisait parfois surgir tout l'or d'un continent. Lorsque les galions de nos enfances grises auront pillé l'azur et vaincu l'ouragan, nous rentrerons chez nous pour créer des empires au fond de ces jardins qui nous faisaient si peur.

66

The Skin of the World

We see only the skin of the world,
and wish
to scratch it to the bone.
Jacques de Bourbon-Busset

Along desire's thread we set out towards a god. In each new galaxy eternity re-invents itself. Ice floes, valleys of space, lukewarm worlds and red stars where agony resides, all must be crossed before we might reach the heart of the vortex, the original chaos from which the cosmos emerges. The day-to-day future will know how to weigh our souls.

It was the tree inside the bark we loved and, inside the tree, the wind. As one they had travelled, crossing rivers whose fierce determination was visible, even from a distance. At times their ambition had to be sacrificed at the outset in order to revive some ancient desert where battles — their cries, in spite of everything, still human — evaporated.

Sometimes a black star stains our picture books, conferring on our clumsiness a flavour of the infinite, like those navigational charts whose inaccuracies on occasion have delivered up the bounty of a continent. When the galleons of our grey childhoods have plundered the azure and over-come hurricanes, we will return home to build empires at the end of these gardens which used to frighten us so much.

67

Bec, ongle, pince et griffe au partage du jour. Un règne lacéré s'installe en nos mémoires où le passé vacille au profit d'un futur à peine immunisé des à-coups de l'Histoire. Serons-nous les mutants des ruines ou du bruit que font la mort violente et le crime lucide? Notre goût du bonheur serait-il perverti au point de maquiller toute vie en suicide?

Cherchant à expliquer comment naît un désert, nous avons commencé par le feu et la pierre, poursuivi par le vent, la silice et le quartz, pour nous perdre en chemin, à mi-genèse presque, en un autre désert plus vide et plus ancien, bien établi déjà dans son horreur parfaite. Désert civilisé, techniquement au point pour suicider le rêve et flouer la mémoire.

Mannequins effacés, pâles sorciers du doute, l'alchimie du futur envahit votre nom en diluant la mort dans le sang des vivants. Vous devrez affronter votre substance même où le poison se mêle à l'élixir du temps. Deviendrez-vous robots, golems ou androïdes assoiffés de revanche en vos corsets de fer ou cellules à venir d'un homme déjà mûr qui saura, mieux que vous, apprivoiser l'énigme?

Beak, claw, pincer, talon at first light. The ruins of a kingdom occupies our memories where the past is almost overcome by a future scarcely immune to the fits and starts of history. Will we be the mutants of these ruins or of the sound of violent death and premeditated crime? Could our taste for happiness be so perverted that we should disguise all life as suicide?

Seeking to explain how a desert is born, we began with fire and stone, continuing with wind, silica and quartz, only to find ourselves lost, almost mid-Genesis, in another empty and even more ancient desert, its perfect horror undeniable. A civilised desert, technically having reached the point where dreams commit suicide and memory is swindled.

Faceless mannequins, pale sorcerers of doubt, the alchemy of the future violates your names, dilutes death in the blood of the living. You must confront your own substance where poison blends with the elixir of time. Will you end up as robots, golems, revenge-thirsty androids in corsets of iron or made of cells yet to be taken from a man already in his middle tears who will know, better than you, how to handle the enigma?

Le froid sculpte au hasard des soleils de banquise montés dans le dernier carré d'un ciel vaincu. Un désespoir nous gagne aux fruits mal défendus, certitudes glacées des vérités acquises. Les planètes balancent en un cosmos qui enfle et nous nous épuisons à le suivre en secret vers les confins d'un dieu surgi de l'improbable, instant zéro d'un monde ou trop jeune ou trop vieux.

Un cerveau de roi fou boit chaque ciel qui passe au-dessus du chaos mis sur ordinateur. Le progrès bien nourri programme les famines, résiste quelquefois à la greffe du coeur. Nous autres, courtisans d'un souverain de plume, nous nous habituons aux bonbons de la peur, et quand il nous promet des rasades de lune, notre roi fou se trompe, et de siècle, et de mœurs.

Nouer le maillon d'eau à son maillon de sable fut longtemps le projet de ces minces pêcheurs qui croyaient au bon vouloir des vagues. Cette harmonie factice et corrodée de sel, nous l'avons éloignée sur ces bateaux en flammes porteurs de chefs vikings que dissoudrait la nuit. Leur âme calcinée flottait entre deux règnes où se distinguait mal le présent du futur.

The cold randomly sculpts the ice-floe suns arisen in the last quarter of a defeated sky. Hopelessness wins us over to half forbidden fruits, the frigid certainty of truths unexamined. The planets move in a swirling cosmos and we tire ourselves out in our secret pursual, to the boundaries of a god emerged from the improbable, from the zero hour of a world too young or too old.

The brain of a mad king absorbs each sky offered up by the computer into which chaos is input. Progress, however well-nourished, programmes famines, at other times rejects heart transplants. The rest of us, courtesans of a birdman sovereign, are getting used to the sweeties of fear, and when he promises glassfuls of moon, our mad king, he's mistaken, about the century, about morals.

To join up the links of water and sand was long the aim of those gaunt fishermen who believed in the ocean's good will. This harmony, artificial, salt-corroded, we pushed it away from us on the burning ships that carried the Viking leaders out to be swallowed by night. Their calcified souls went drifting between kingdoms, the all but indistinguishable present and future.

Le temps voyage seul, oubliant les saisons que les grands migrateurs s'échinent à poursuivre en leurs dérives hauturières, poussés par la loi de l'espèce. Le temps voyage seul, faisant de notre vie une gravitation sans escale. Nous-même deviendrons oies sauvages, cigognes, toujours entre deux nids, entre deux continents, mais notre unique loi sera la chute libre sur une orbite calculée pour nous maintenir en éveil dans notre rêve de vivants.

Des puits se sont creusés sous nos pas délébiles et nous ont digérés en un silence noir. Depuis, nous voyageons dans les boyaux du monde, sans savoir si le vide ou l'enfer sont au bout. Cette vie souterraine a collé nos paupières, érodé nos genoux, palmé nos maigres doigts. Nous sommes devenus taupes, racines, larves d'un royaume inversé où la mort a le temps.

L'œil d'un dieu est inscrit sur l'iris de nos songes, nous évitant ainsi de mutiler le jour. Statues, temples, autels des religions plausibles continuent de bercer notre fuite en avant. Nous nous voulions chasseurs et nous sommes la cible d'étranges microscopes aux lentilles de vent. L'examen est clinique et la conclusion vague: on n'apprivoise pas les bacilles du temps.

Time travels alone, forgetting the seasons which the great migrators tire of chasing, driven across oceans by the law of species. Time travels alone, reducing our lives to ceaseless gravitation. We too become wild geese and storks, always between nests, between continents, though our one law means that we free-fall into an orbit calculated to hold us, awake, in this dream of living.

Wells opened under our transient footsteps and we were swallowed up into black silence. Since then we travel in the bowels of earth, never knowing which is below us, vacuum or hell. This subterranean existence has sealed our eyelids, worn down our knees, put webs on our bony fingers. We are moles now, roots, the larvae of an inverted realm where death has all the time in the world.

Inscribed on the iris of our dreams, the eye of a god, preventing our mutilation of the day. Statues, temples, altars of plausible religions continue to comfort us in our headlong escape. Wishing to be hunters, we end up the targets of strange microscopes, their lenses made of wind. The examination is clinical, the conclusion vague: you cannot tame the bacillus of time.

La paupière des jours s'est fermée sur la ville, œil cyclopéen soudé au terreau de l'Histoire ou reliefs de festin laissés par les pillards. Nous ne témoignerons ici que de vestiges arasés par le soc, aplanis par le vent. Si des trésors existent, ils sont noyés d'oxyde et si la vie revient, ce sera en secret. Le laboureur triomphe en restant immobile de tous les cavaliers jadis maîtres en ces lieux.

Nous tous éparpillés en atomes de glaise croyons à ce noyau qui nous maintient debout, mais tout en ignorant au centre de quel fruit il affermit sa coque et nourrit sa matière. Certains furent tentés de briser ce noyau afin de déchiffrer le nom et le message. Un éblouissement leur tient lieu de cercueil. Pourtant c'est leur orgueil qui nous permet de vivre.

L'argile du rempart ne résistera guère au limon de l'Histoire amassé par le Vent. Votre sécurité tombera en poussière, peuples nés de la nuit avec du rouge au front. Le fleuve coulera sur vos années-lumière, vos enfants, votre blé garniront les tombeaux et l'or de votre foi ne servira, en somme, qu'à creuser un peu plus notre destin de sourds.

The eyelid of the days closed over the city, itself the eye of a cyclops wired into the clay of history and the traces of feasts left behind by plunderers. Here we can testify only to the presence of ruins erased by ploughshares, flattened by wind. If treasures still exist, they are oxidised or wrapped in shrouds, and if life returns it will be in secret. The labourer's triumph is to remain unmoved by knights of all kinds, in olden times the masters of this place.

We who are scattered in atoms of clay believe in this nucleus which sustains us, though we know not at the centre of which fruit its shell toughens or its mineral is fed. Some have been tempted to decipher the name and the message. For them the coffin is replaced by an intense light. But it is their dignity which enables us to live.

The clay of the rampart will scarcely stand up to the wind-blown silt of history. People born of night, foreheads daubed with red, your security will come to dust. This river will flow over your light-years, your children; your wheat will decorate your tombs and the gold of your faith will serve, in the end, only to reveal a little more of the destiny of us who are deaf.

Cette géographie des taches de vieillesse, que nous nous surprenons à lire, quelquefois, sur le dos de nos mains bien à plat sur la table, est semblable, plutôt, à la cosmographie d'étoiles disparues dont la lumière encore est le paradoxal témoignage de vie. Il faut prendre le temps de mourir en avance pour mieux tendre nos mains aux tâches du futur.

Un serpent prisonnier du temps devenu pierre savait encore muer, complice des glaciers quand leur fleuve immobile inondait la matière. Il parvint jusqu'à nous ce reptile en dentelles, mordit notre présent de son venin usé, puis, malgré le sérum que notre *ego* distille, nous fûmes pétrifiés serpents à notre tour, affublés d'une peau qui ne convenait guère à cette chair à vif dont nous étions sculptés.

Dans une fête ancienne où l'irréel se danse, sous son masque éborgné d'un regard qui balance, une vérité bouge, une fuite prend corps. S'il fallait peser l'âme à l'aune de la mort, sous serions, au matin, ou démons ou prophètes. Mais l'âme a soif d'abîme et l'ange mord la bête. Visage tiraillé entre vide et paroi, nous ne perdrons la vie qu'en sauvant notre tête.

The geography of these age-marks we sometimes find ourselves reading, on the backs of our hands spread out on the table, is similar, in fact, to the cosmography of vanished stars whose light remains, paradoxically, a testament to life. In advance must we accept the time of our death, the better to reach out our hands to what the future has marked out for us.

Imprisoned in time, petrified, the serpent managed to slough its skin, accomplice of the glaciers when their still waters overran the earth. Towards us this lace-covered serpent advanced, to bite deep into our present with its spent poison, then, in spite of the serum distilled by our ego, we in turn became stone serpents, rigged out in skin which scarcely fit the living flesh out of which we had been carved.

In an ancient celebration of the dancing unreal, behind its mask half-blinded by a wavering glance, truth shifts, escape takes shape. Were it necessary to weigh the soul within reach of death, in the morning we should be either demons or prophets. But the soul thirsts for the abyss and the angel sinks its teeth into the beast. Faces drawn between void and partition, we lose our lives only if we save our own lives.

Nous labourions la vie avec plus de rigueur. Il fallait un ordre à nos rêves, une conscience aiguë de nos alignements. Le temps nous contemplait d'un œil géomètre quand nos calculs humains, que nous voulions exacts, se voyaient engloutis par des coulées de lave. Une ville sombrait dans un magma mortel, sépulture éblouie de nos consciences nettes, alibi pour notre rachat.

Un cerveau d'ouragan s'appropria le monde et le remodela selon ses tourbillons pour transformer la mort en sujet de légende. Le prix du sacrifice à la mémoire fut élevé. Vivre restait le but, avec ce goût du cataclysme que nous portions en nous. Les statues de sel se retournaient sur nos écarts et dans leurs yeux figés un dieu tremblait encore.

Dépositaires des secrets du ciel, comptables des apocalypses, ils étaient les *veilleurs*, ces anges du refus. Leur orgueil produisit des géants malhabiles, contraints de plier, à la fin, sous le poids du monde avant de gagner l'autre versant de l'éclair. Depuis, sur une terre lasse et repue de cadavres, nous tentons de rêver des genèses plausibles afin de déchiffrer l'écriture du dieu. Nous mitraillons la nuit de déluges en herbe, main en ignorant tout de ce qui crée la main.

With the utmost rigour we take the plough to our lives. We need order in our dreams, a keen awareness of alignment. Time watches over us with the eye of a geometer as our human calculations, in which we struggle for accuracy, are drowned by waves of lava. A city sinks in a mortal magma, sepulchre dazzled by our clear consciences, alibi for our redemption.

The brain of a tempest appropriated the world and reshaped it, in accordance with its vortices, so that death might be transformed as a subject of legend. The price of this sacrifice to memory was high. To live remained the goal, but now we carried within us this taste for cataclysm. The statues of salt might turn to look back, but in their hardened eyes a god now trembled.

Guardians of the secrets of sky, apocalypse accountants, these were the *lookouts*, these angels of refusal. Their pride begot those lumbering giants, who buckled in the end beneath the weight of the world before making it out the far side of lightning. Ever since, on an exhausted, corpse-littered earth, we attempt to dream up plausible Geneses in an effort to decipher the writing of god. We machine-gun the night from which floods burst forth, but know nothing of the one who has shaped the hand.

D'une liturgie vague ils célébraient leurs dieux
sur des autels usés par trop de paraboles.
Offrandes-bouquets secs, dons d'aliments moisis
deviendraient le viatique au voyage immobile.
Un néant casanier serait le substitut à leur éternité
enlisée dans le doute.
Respirez fort, ouvrez les yeux,
surveillez l'huile de la lampe,
La nuit des autres nuits envoie ses messagers.

Vous m'aviez indiqué le chemin
avec des portées de musique,
un soleil, une dent de narval.
Je suis venu malgré le poids du monde
et le feu qui nourrit le sang.
J'ai passé avec vous
tant d'années secrètes
que nos rides ont fini
par contraindre la peur à l'exil.

Pour Isabelle
Elle reste avec son secret
tisse autout de sa tristesse
une toile d'aurore légère
que jamais le jour n'atteindra.
Les angles de son visage s'émoussent
dilués dans un désert doux.
Elle aurait voulu être aimée
pour le duvet de ses paupières.

With a vague liturgy they celebrated their gods
on altars worn away by parables.
Bouquets of dead flowers, gifts of rotten food
would become the viaticum for their going nowhere.
A stay-at-home emptiness would take the place
of their eternity now bogged down in doubt.
Take a deep breath, open your eyes,
keep a close watch on the oil in the lamp,
This night, of all the nights, sends its messengers.

You had shown me the way
with musical staves,
a sun, the tooth of a narwhal.
I came in spite of the weight of the world
and the fire that drives the blood.
With you I spent
so many secret years
that in the end our wrinkles
exiled our fear.

For Isabelle

She retains her secret,
around her sadness weaves
a web of faintest dawn
no day can reach.
The lines of her face become blurred,
diluted in a soft desert.
She would have liked to be loved
for the down of her eyelids.

Les vagues de l'espace ont rejeté nos dieux sur ces continents de l'esprit où le temps a changé de signe. Ils vivent en sursis leurs genèses salées, pèsent mal les apocalypses. L'enfer bout à leurs lèvres et leur œil ne voit plus qu'un univers-volcan dont tous les cerveaux fondent en purs diamants de deuil, noire immortalité. Nous balayons l'espoir infatigablement sur le seuil délité de nos consciences floues mais, sachons-le: *l'enfer aussi a ses lois.*

Nul ne voulait encore y croire:
les déserts se peuplaient de traces familières
semblables à des moments de bonheur.
Une eau pure irriguait la mémoire et des plantes
poussaient sur les cailloux du ciel.
C'était notre futur; il aurait l'expérience du passé
embelli par un regard d'enfant.

Repue de ciel, de vent, la mer était silence. Elle baignait ma nuit, l'immobilisait presque au fond d'une mémoire où des trésors durcis resteraient inviolés. Elle avait fait passer son souffle dans le mien: je glissais doucement vers l'éveil de ma race, redevenais poisson, paramécie, plancton. J'atteignis le grand large où rôdent les abysses pour y couler enfin dans un rêve éclaté d'où j'allais prendre forme et marcher vers le jour.

The waves of space have cast up our gods on those continents of the spirit where time has changed sign. Under sentence of death they live out their saline Geneses, always under-estimating the apocalypse. Hell boils at their lips and their eyes see only a volcano-universe where brains melt down into pure diamonds of mourning, black immortality. Indefatigably we sweep hope back from the offended threshold of our blurred consciences, but let us remember: *hell too has its laws.*

Nobody would believe in it any more:
the deserts populated by familiar tracks,
like moments of happiness;
pure water irrigating memory, and plants
growing on stones in the sky.
That was to have been our future: past experience
embellished by a child's vision.

Satisfied by the sky, by the wind, the sea fell silent. It washed over my night, calmed it almost to the depths of memory where encrusted treasures go undisturbed. It brought its breath and mine together; I glided along gently towards the awakening of my race, became fish again, paramecium, plankton. I reached the open sea where abysses lurk to sink at last in a burst dream from which I would take shape and set out again for daylight.

Vous aurez de la craie pour dessiner mes fuites sur
l'horizon poudreux qu'enflamme un cavalier
Je vous attends
Vous aurez de la mousse à calfeutrer les vides au creux de
mon cerveau en pleine hibernation
Je vous attends
Vous aurez un nuage où le ciel s'emmitoufle quand il veut
adoucir un soleil d'œuvre au noir
Je vous attends
En compagnie de mes licornes familières
de mes Pégases quotidiens et pour aller chasser
le dragon ou la puce
Je vous attends

Notre ultime forêt il faudra la chercher parmi les algues
bleues qui boivent le soleil au temps durci des grottes. La
calcite et l'argile dressent là des colonnes dont le style
appartient au seul hasard des pluies. Des traces de pieds nus
y sont parfois visibles, des empreintes de mains: celles de
ces chasseurs voulant signer les gouffres d'une terre d'éveil
dont la foudre et l'aurochs se disputaient le poids.

Il y eut un nuage rouge et puis plus rien sur une terre
gaspillée par l'aigu des conquêtes. Les totems, qui avaient
fondu, ressemblaient à des bornes indiquant l'improbable.
"Légende" était le mot que tous avaient perdu.

You will have chalk to sketch out my escape route across
the powdery horizon in flames in a rider's wake
I am waiting for you
You will have foam to pad the voids in the cavities of my
brain in deep hibernation
I am waiting for you
You will have a cloud where the sky nestles when it wants
to tone down a black market sun
I am waiting for you
Surrounded by my familiar unicorns
my everyday Pegasus and, for hunting,
the dragon and the flea
I am waiting for you

The last of our forests will have to be sought among the
blue algae that drink sunlight in petrified cave-time. Calcite
and clay erect columns there whose shape is determined
only by the whim of rain. Sometimes tracks of bare feet are
visible, sometimes hand prints: those of the hunters who
wished to sign the chasms of the newly-woken earth whose
weight thunder and aurochs would dispute.

There was a red cloud and then nothing more on an earth
squandered in the fever for conquest. Melted now, the
totems looked like milestones describing the improbable.
'Legend' was the word lost to all.

Alphabet de la dépossession
1989
CHEMIN

Je marche à la conquête d'oxygène sur des chemins déjà trop balisés. J'ai dans mon sac le nécessaire pour survivre une heure ou deux, pas plus. Les routes les mieux fréquentées sont au-dessus de moi avec leurs fumeux sillages qui seront vite dispersés pour s'inscrire sur les seuls radars. Il reste quelques champignons sur les bas-côtés du rêve mais la plupart sont vénéneux. D'autres solitaires vont marcher plus loin, plus haut, dans ces pays où l'air est rare et la graisse rance. Ils rapportent de leurs expéditions des albums de visages grimaçants, quelquefois de sourires auxquels manquent des dents.

DÉPOSSESSION

i.m. S.C.

Ce soir les enfants jouent dans l'herbe. Ils ne croient pas à la mort, et la nuit se fait complice des beaux éclats de rire. Présente dans la maison, leur grand-mère a choisi d'être invisible. Les enfants savent son goût pour les voyages. "Elle accompagne, pensent-ils, l'exil des hirondelles au moment où l'été pâlit. Dès le printemps, elle sera de retour avec les fleurs que nous lui apporterons près de la petite église où, le dimanche, elle s'ennuyait un peu à écouter le prêtre bégayer dans son sermon". Cette nuit les enfants joueront dans leur sommeil et, en rêve, ils entendront cette grand-mère leur murmurer à l'oreille : "Comment pouviez-vous croire que je vous quitterais un jour?"

Alphabet of Dispossession

ROAD

Down roads already too well marked out, I am setting off to
conquer oxygen. In my bag I have all I need to survive an hour or
two, no more. Above me are the most frequented paths where
trails of smoke vanish instantly, appearing on few radars. On the
banks of dream some mushrooms remain, but most are poisonous.
Other solitary walkers go further, higher, in these countries where
the air is thin and fat becomes rancid. They return from their
expeditions with albums of grimacing faces, of gap-toothed
smiles.

DISPOSSESSION

i.m. S.C.

This evening the children play in the grass. They don't believe in
death, and night is an accomplice to their howls of wonderful
laughter. Though present just inside the house, their grandmother
has chosen to be invisible. The children know all about her love of
travelling. 'She sets off with the swallows,' they believe, 'as soon
as summer begins to fade. In the spring she will come back, as
will the flowers we will take to her, down beside the little church
where, every Sunday, she has been bored by the preacher stutter-
ing through his sermon.' Tonight the children will play on in their
sleep and, in dreams, hear their grandmother whisper; 'How could
you ever think that one day I would leave you?'

ÉRAFLURE

L'éraflure est notre lot. Nous voilà superficiels jusque dans la blessure. L'écorché vif n'est plus de mise et la grande douleur se cultive en secret. Tout se raye, crisse et s'écaille sur la chair, la tôle et le bois : partitions de nos maladresses, de nos gestes inaboutis. Où sont les grands iconoclastes et les sublimes destructeurs? Nous nous griffons les uns les autres, pareils à des enfants malhabiles qui cherchent leur présence au monde en tâtonnant; mais ce sont des enfants aux ongles encore tendres. La futilité de nos coups de patte est à l'image de nos désirs.

FANTAISIE

Pour animer le décor j'écris : le ciel cloue des nuages rapiécés sur l'automne, déchire le tableau où il était mal peint, se noie dans le premier fleuve qui passe. Pour changer la métaphysique je demande : quelle est la différence entre l'arbre et la pieuvre? Le feu a-t-il moins soif que la terre où il brûle? Est-il bon d'interdire à la nuit de rêver? Pour me distraire un peu je fais pousser des fleurs dans les yeux des volcans, joue à saute-mouton sur le dos des baleines et prends conseil auprès des taupes sur la façon de s'enterrer vivant.

SCRAPING

Scraping is our lot. This is what we are — superficial even in our wounds. The tormented soul has no place here, great pain must grow in secret. Everything is scratched, flaked or grates on flesh, metal or wood: partitions of our clumsiness, our hopeless gestures. Where are the great iconoclasts, the sublime destroyers? We scratch each other, like clumsy children who fight for their place in the world; but children whose nails are still tender. The futility of all this clawing is a reflection of our desires.

FANTASY

To animate the scene I write: on the autumn the sky pins patched-up clouds, tears the canvas where it was badly painted, drowns itself in the first passing river. To switch metaphysics, I wonder: what is the difference between a tree and an octopus? Is fire less thirsty somehow than the earth where it is burning? Is it right to deny the night its dreams? For a little distraction I plant some flowers in the eyes of volcanoes, play leapfrog on the backs of whales and take advice from moles on burying myself alive.

FANTÔME

J'ai le choix entre mes fantômes : ceux qui me parlent de billes en terre ou de bateaux en papier, ceux qui pèsent à mes épaules quand je monte l'escalier, blanchissent mes cheveux, agrippent mes paupières. D'autres, les plus nombreux, essayent de me vendre une mort habitable avec tout le confort souhaité. Ils n'ont ni suaire ni chaîne. Le seul château qu'ils puissent hanter reste à bâtir avec la pierre de mes rêves. Sans patrie, sans descendance, mes fantômes sont des voleurs d'état civil, des faussaires de la mémoire.

MASQUE

Besoin d'inventer ma vie, de jouer avec des masques. Les uns sont maculés d'un sang séché d'oubli, les autres, noircis de fumée pour faire écran aux assauts de la parole. Je tente d'unifier l'horizon où se trament des métamorphoses. Champion de l'aspérité, je combats les paraboles trop lisses, les mensonges trop séduisants. Je cherche à découvrir l'enfance des typhons, le rhésus des orages. La destruction venue, je me fais l'archéologue du quotidien paisible ou affamé.

GHOST

I have ghosts enough to choose from: those who rattle on about playing marbles or paper boats, others who weigh on my shoulders when I climb the stairs, whitening my hair, tugging at my eyelids. Others, large numbers of them, try to sell me a habitable death with all the modern conveniences. They are neither shroud nor fetter. The only castle they have to haunt has yet to be built with the stones of my dreams. Without a homeland, without descendants, my ghosts are the thieves of my birthright, the forgers of memory.

MASK

The need to invent my life, to play with masks. Some are stained with the dried blood of forgetting, others blackened with smoke to make a screen against the attack of words. Where metamorphoses hatch, I try to unify the horizon. Champion of the rough edge, I oppose slick parables and seductive little fibs. My goal is to expose the infancy of typhoons, the rhesus factor of storms. Come the destruction, I'll become the archaeologist of the everyday, be it starving or at peace.

MIGRATION

J'abrite un peuple d'oiseaux que la mémoire accompagne sur les flèches des migrations. Écoutez l'air froissé de plumes qui voyagent. Je prends forme à l'aire d'envol pour me fondre dans un nuage et pousser l'ouragan vers d'autres continents. Je pars et ne pars pas avec les oies sauvages, les cigognes, les cormorans. La pluie sur un mirage alourdit mon parcours, mêlant aux équateurs des jardins de banlieue. Je noie mon passeport au fond des hémisphères et je me rêve absent, à peine de retour.

MUR

Les murs sont de nouveaux zèbres, race non répertoriée d'animal que tout code génétique a fui. Sur leur peau se dessine l'alphabet de la colère, la litanie du désespoir, l'accidentel de l'imaginaire. Leur langage crypté correspond à la seule grille que sécrète le partage d'un esprit éclaté. Qui voudrait être le berger de ce troupeau de murs au message incompréhensible? Quand des peuples entiers se découvrent passe-murailles, les murs sont-ils autre chose que les éponges de l'ennui?

MIGRATION

I am shelter to a bird population with whom memory sets out along the arrows of migration. Can you hear it, the air beaten by feathers as they take off? Leaving the runway I change shape to merge with a cloud and drive the hurricane off to some distant continent. With wild geese, storks and cormorants, I leave, and do not leave. Rain falling on a mirage adds to my load, making equators indistinguishable from suburban gardens. In hemispherical depths I drown my passport and dream myself away, unlikely to return.

WALL

Walls are the new zebras, an unlisted species unaccounted for by genetic codes. On their skin are inscribed alphabets of anger, litanies of despair, twitches of the imagination. Their cryptic language might be real bars the division of a broken spirit conceals. Who would be the shepherd to this flock of walls with their incomprehensible messages? When entire populations find they can pass them, will walls seem to have been anything other than sponges for boredom?

STALACTITE

Paradoxe des stalactites : elles naissent où le mouvement s'interrompt quand leur vie est ce mouvement même. Elles sont l'image aiguë des contraires. Le grain lisse et rugueux traduit bien ce temps qui les sculpte : il coule en se contractant et remonte à sa source en plongeant vers l'abîme. A regarder les stalactites barrer l'espace du dessous, je vois le tracé d'existences allant de l'eau à la pierre et de l'air libre à la prison dont nous sommes les architectes.

STALACTITE

The paradox of stalactites: they come into being when they cease to move, though their being depends on that very movement. They are the focused image of opposites. The grain, smooth or rough, bears witness to the time it has taken to form them: in contractions it advances, and reascends to its origins by plunging into the abyss. As I look at these stalactites barring the space below, what I see is the signature of existence itself, running from water to stone and from free air to the prison of which we are the architects.